재미는 기본! 관찰력과 집중력은 쑥쑥!
# 숨은 그림 찾기

하트가 보이나요? 올빼미 한 쌍 위쪽을 잘 살펴보세요.

재미는 기본! 관찰력과 집중력은 쑥쑥!

# 숨은 그림 찾기

1판 2쇄 인쇄 | 2025. 2. 20.
1판 2쇄 발행 | 2025. 2. 25.

엮은이 | 함께하는 놀이교실
펴낸이 | 윤옥임

펴낸곳 | 브라운힐
서울시 마포구 토정로 214번지 (신수동)
대표전화 (02)713-6523, 팩스 (02)3272-9702
전자우편 yun8511@hanmail.net
등록 제 10-2428호
ⓒ 2025 by Brown Hill Publishing Co. 2025, Printed in Korea
ISBN 979-11-5825-140-6 13650
값 12,000원

☞ 잘못 만들어진 책은 바꾸어 드립니다.

재미는 기본! 관찰력과 집중력은 쑥쑥!
# 숨은 그림 찾기

함께하는 놀이교실 엮음

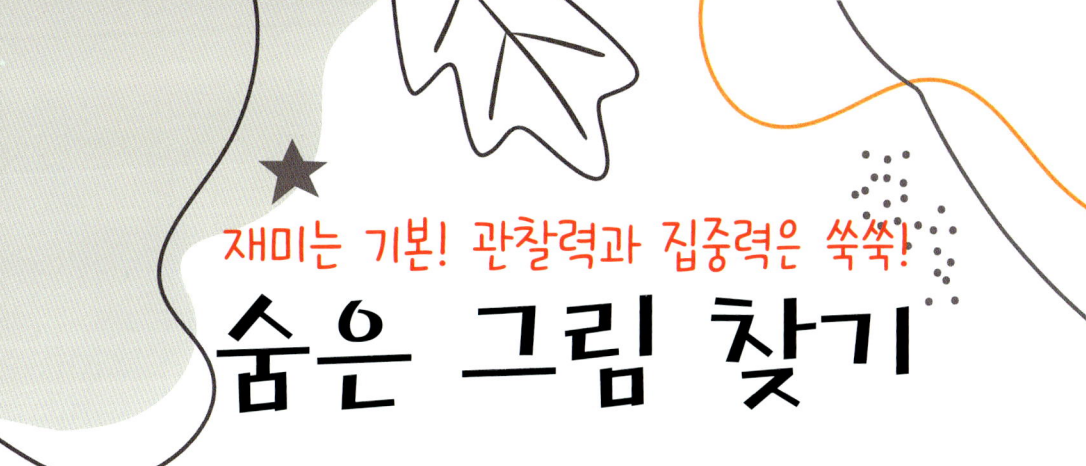

브라운힐
BrownHillPub

## 차 례

숨은 그림 찾기 · 5

두 그림에서 다른 부분 찾기 · 83

숨은 그림 찾기 정답 · 117

두 그림에서 다른 부분 찾기 정답 · 126

# 숨은 그림 찾기

 새앙쥐들의 치즈 파티!
앗, 주사위 하나가 숨어 있어요.

  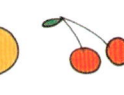    

 낙엽인 척 위장하고 있는 녀석.
무엇이 숨어 있을까요?

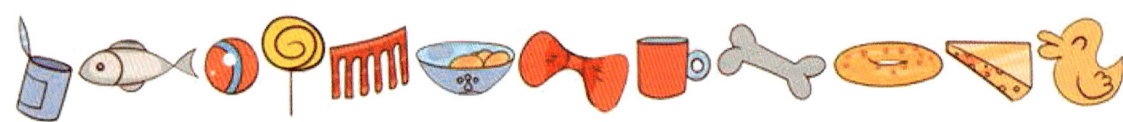

 세상의 모든 잎들을 모아 놓은 것 같네요.
여기에 슬쩍 끼어든 잉꼬를 찾아 주세요.

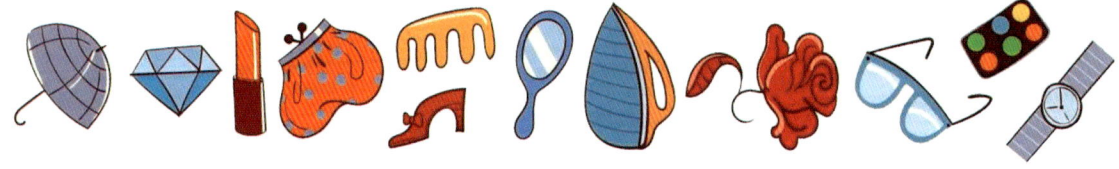

 판다들의 월드컵! 프랑스, 크로아티아 국기도 보여요. 경기장에서 날아온 축구공을 찾아보세요.

 바나나가 참 맛있게 보입니다.
뱀 한 마리도 같이 있어요.

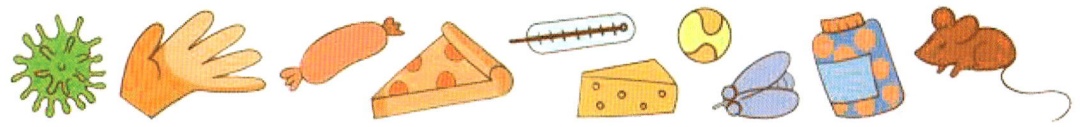

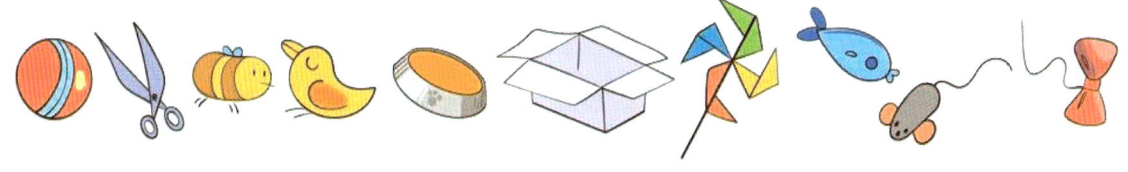

 # 위와 아래의 그림에 각각 판다 한 마리!

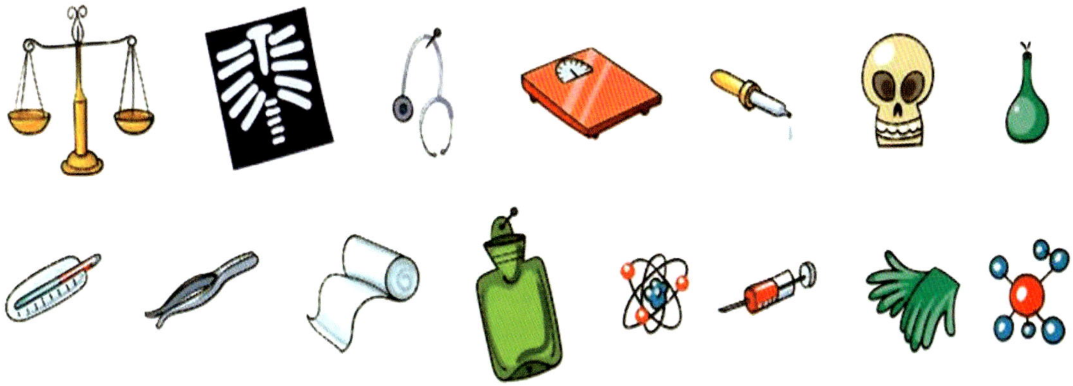

  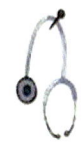    

 꽃 속에 숨어 있는 하트(heart)가 보이나요?

# FIND 10 FISH IN THE IMAGE ii

 '양의 탈을 쓴 늑대'라는 말이 있어요.
양을 해치기 전에 빨리 찾아보세요.

 ×5  ×5 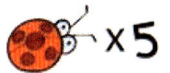 ×5  ×5  ×5

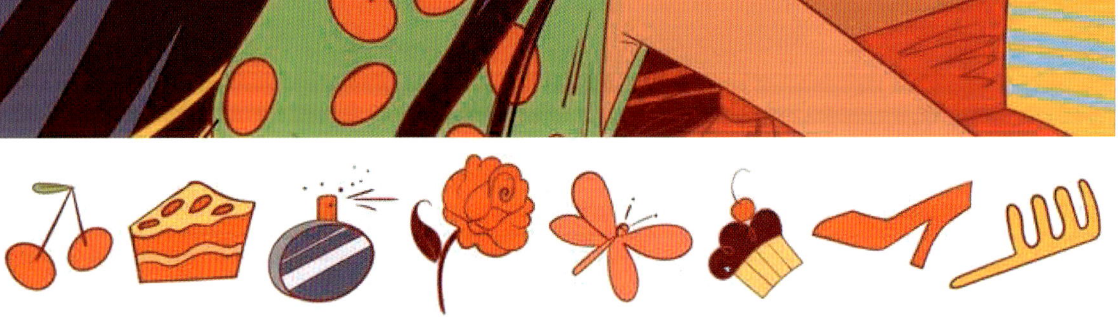

 쌍둥이 토끼 열네 쌍 중에 외톨이 토끼가 있어요.

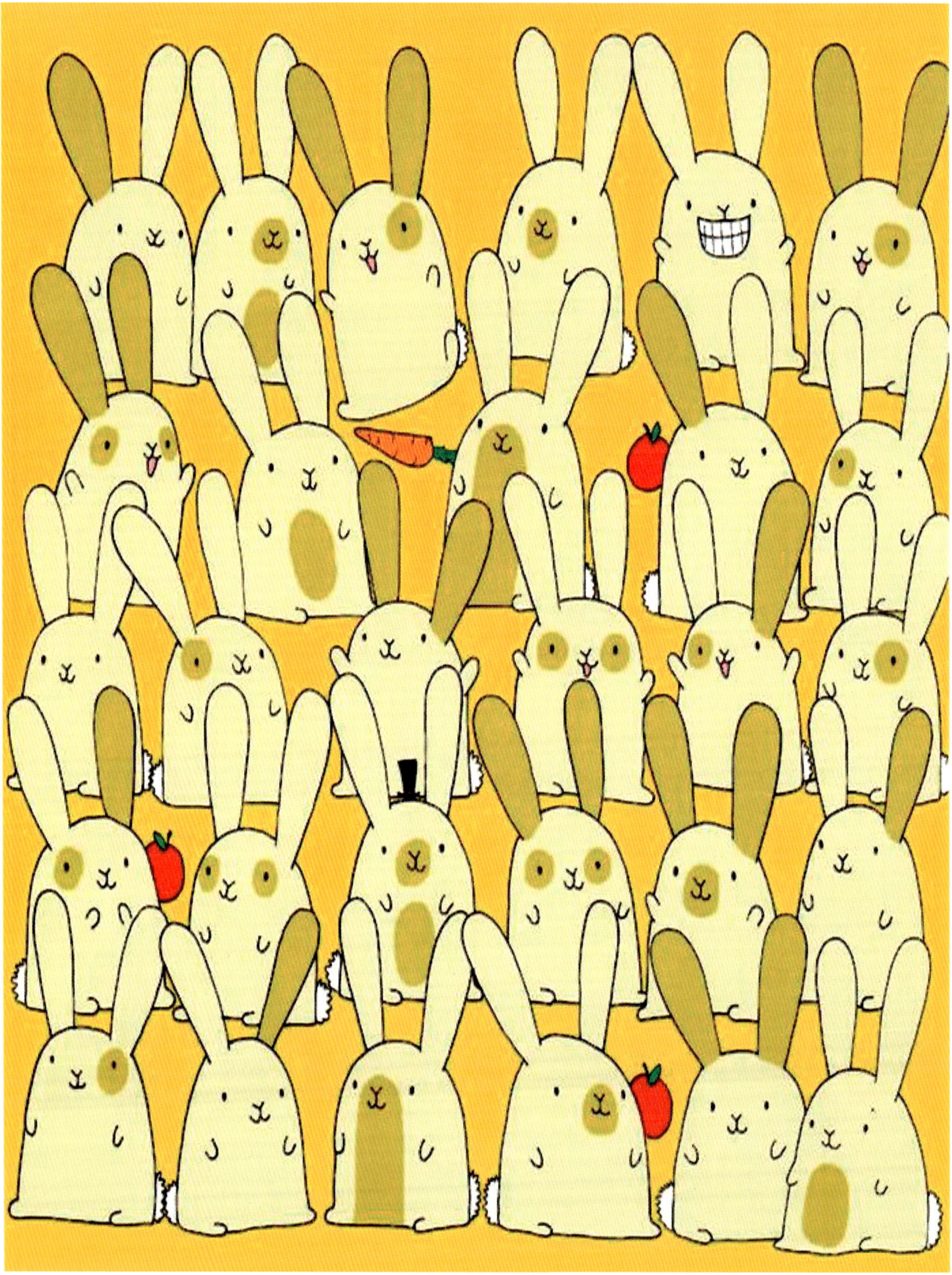

 돼지들의 흥겨운 '삼각 뿔 모자 모임'입니다.
그런데 세 마리는 모자를 깜빡했네요.

# 두 그림에서 다른 부분 찾기

 서로 다른 부분이 6군데 있어요.

 서로 다른 부분이 7군데 있어요.

 서로 다른 부분이 6군데 있어요.

 서로 다른 부분이 6군데 있어요.

 서로 다른 부분이 10군데 있어요.

 서로 다른 부분이 7군데 있어요.

 서로 다른 부분이 6군데 있어요.

 서로 다른 부분이 5군데 있어요.

 서로 다른 부분이 10군데 있어요.

 서로 다른 부분이 7군데 있어요.

 서로 다른 부분이 6군데 있어요.

 서로 다른 부분이 10군데 있어요.

 서로 다른 부분이 7군데 있어요.

 서로 다른 부분이 6군데 있어요.

 서로 다른 부분이 7군데 있어요.

 서로 다른 부분이 7군데 있어요.

 서로 다른 부분이 10군데 있어요.

 서로 다른 부분이 6군데 있어요.

 서로 다른 부분이 7군데 있어요.

 서로 다른 부분이 7군데 있어요.

 서로 다른 부분이 10군데 있어요.

 서로 다른 부분이 5군데 있어요.

 서로 다른 부분이 5군데 있어요.

 서로 다른 부분이 5군데 있어요.

 서로 다른 부분이 5군데 있어요.

 서로 다른 부분이 5군데 있어요.

 서로 다른 부분이 6군데 있어요.

 서로 다른 부분이 5군데 있어요.

 서로 다른 부분이 6군데 있어요.

 서로 다른 부분이 5군데 있어요.

 서로 다른 부분이 5군데 있어요.

 서로 다른 부분이 10군데 있어요.

 위와 아래의 그림 둘 다 서로 다른 부분이 7군데 있어요.

 # 숨은 그림 찾기 정답

6쪽

7쪽

8쪽

9쪽

10쪽

11쪽

12쪽

13쪽

14쪽

117

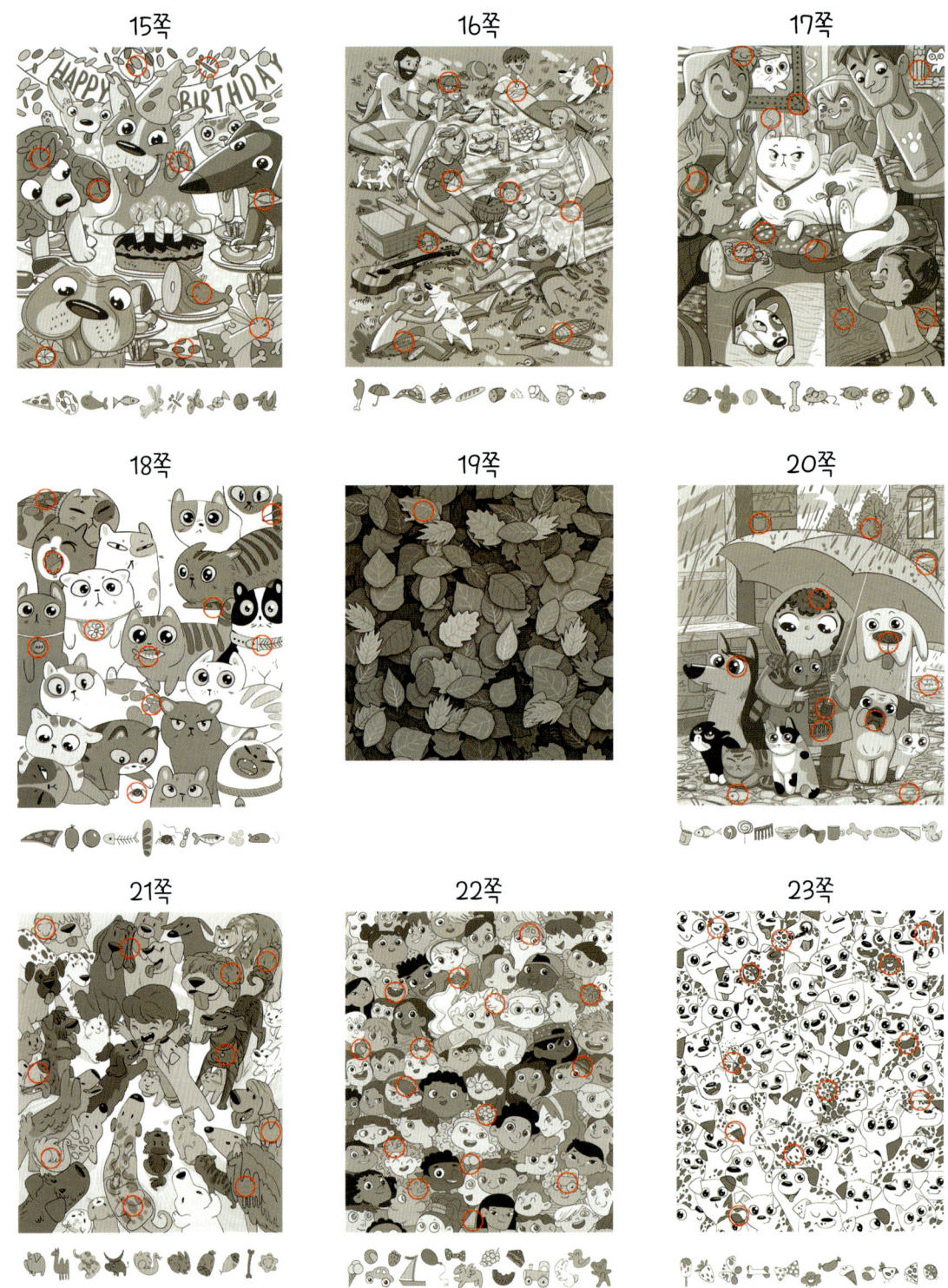

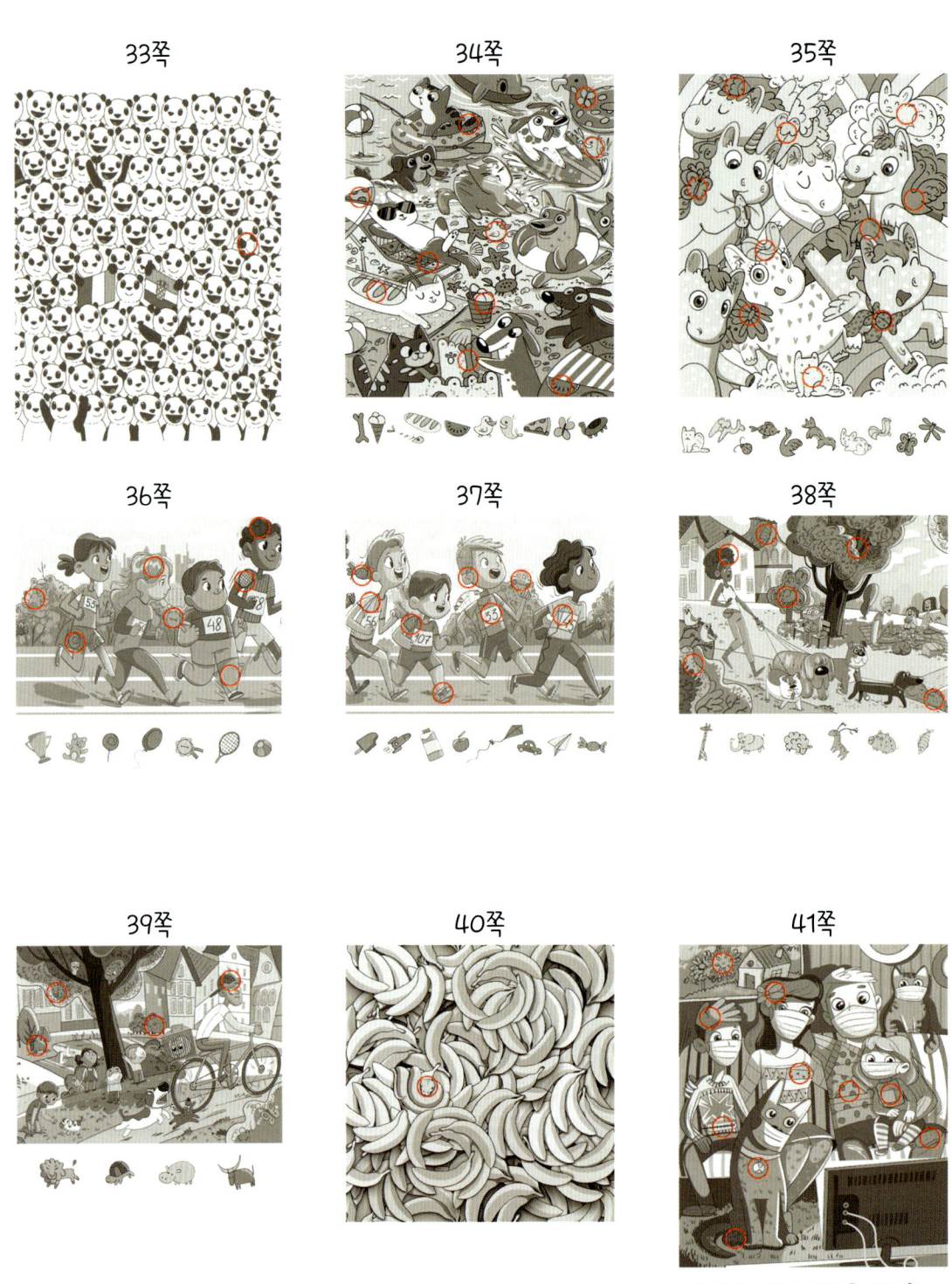

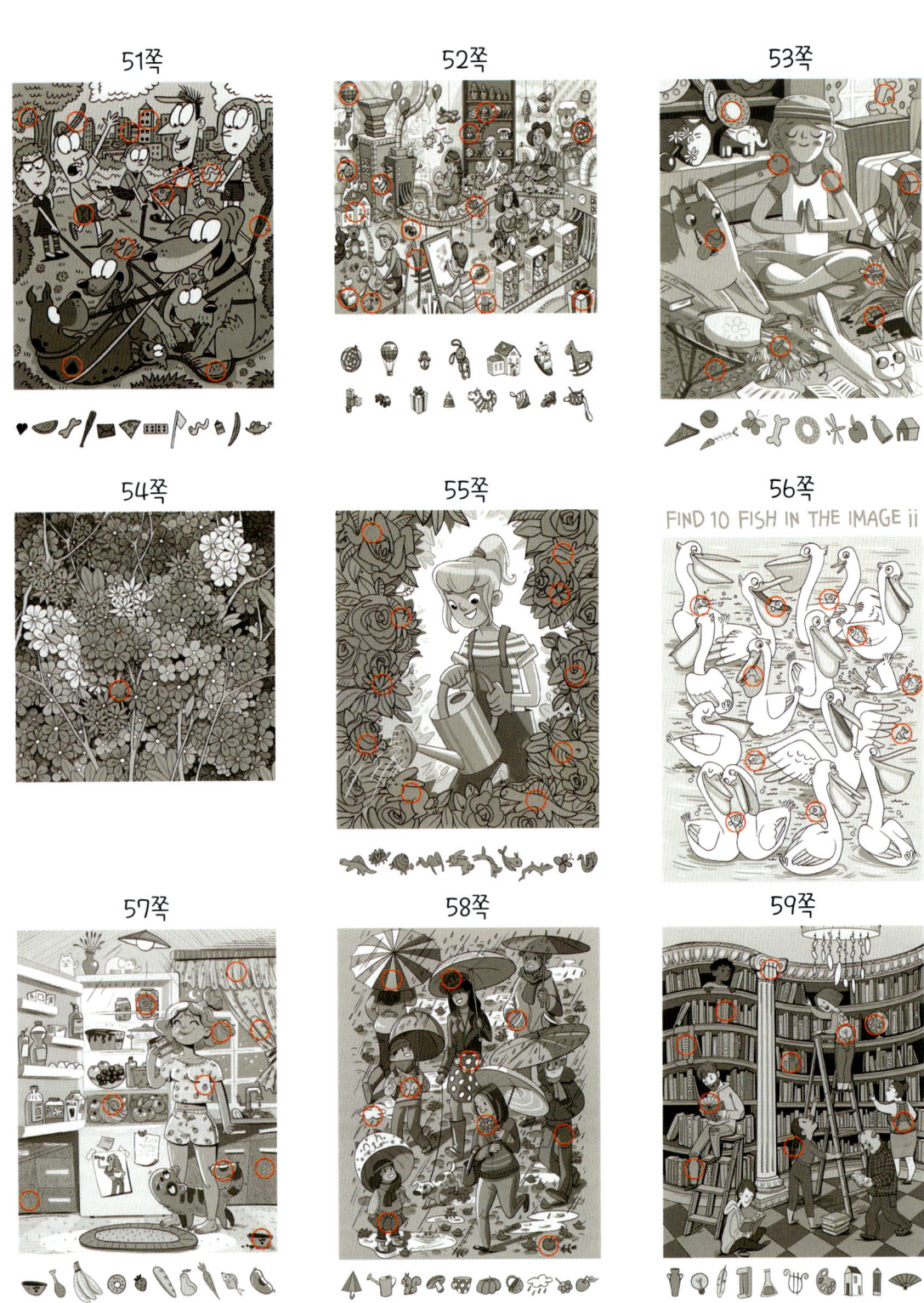

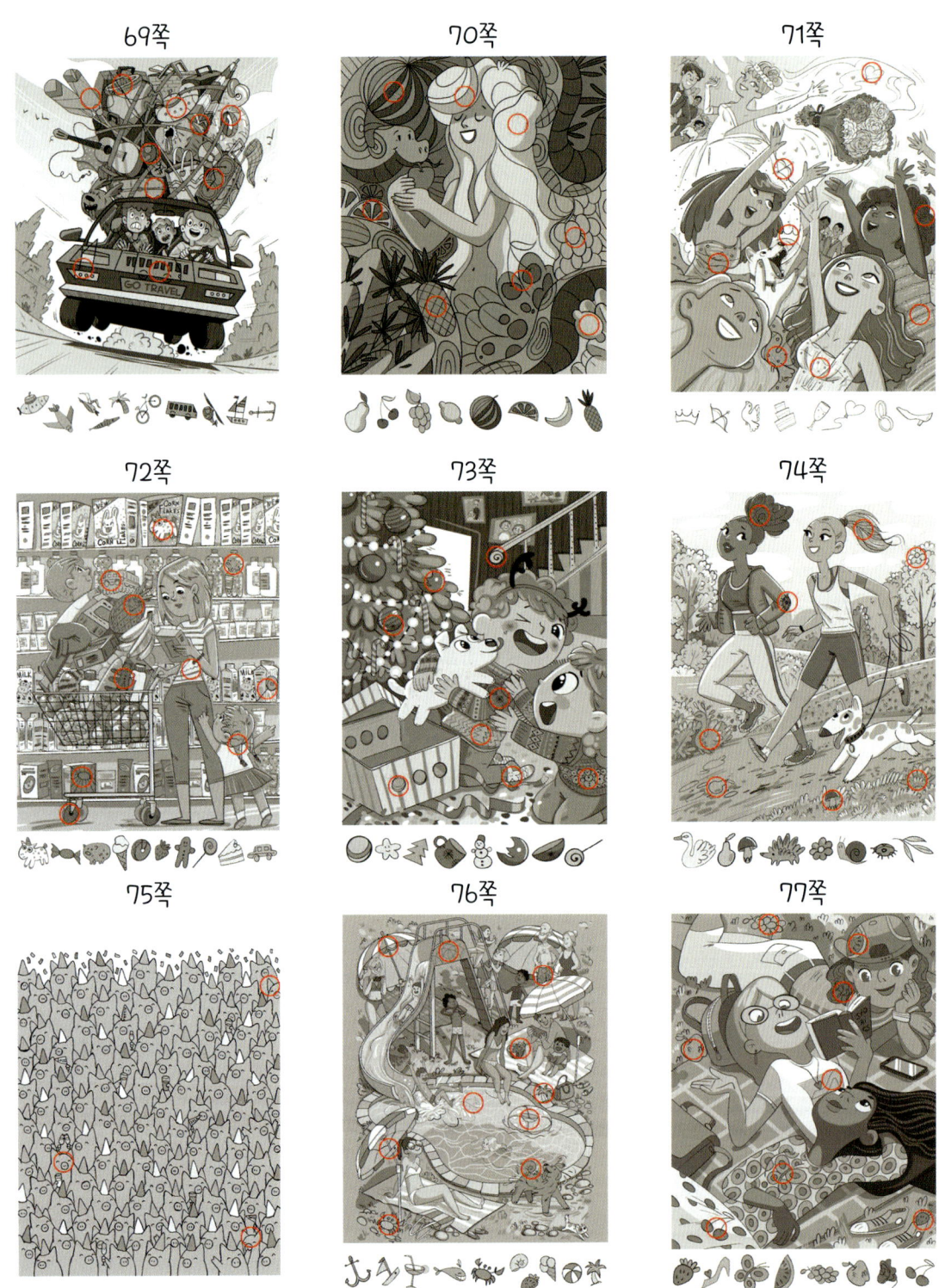

# 두 그림에서 다른 부분 찾기 정답

84쪽

85쪽

86쪽

87쪽

88쪽

89쪽

90쪽

91쪽

92쪽

93쪽

94쪽

95쪽

96쪽
97쪽
98쪽

99쪽
100쪽
101쪽

102쪽
103쪽
104쪽

105쪽
106쪽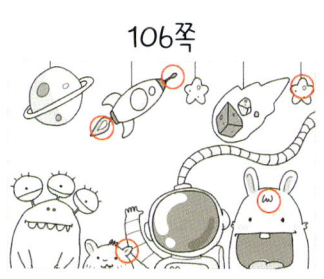
107쪽

108쪽
109쪽
110쪽

111쪽
112쪽
113쪽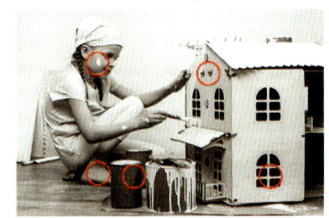

114쪽
115쪽
116쪽